宇宙人の道徳

岡田知義

鳥影社

宇宙人の道徳　目次

宇宙人の道徳

第1章　宇宙人の道徳

第1章　宇宙人の道徳

宇宙人の道徳といわれても、おそらくほとんどの人が何を馬鹿な事を言っているのだと思われるのに違いないと思います。それは宇宙人の存在自体あり得ないと思う人が多いので宇宙人の道徳という事の意味のわからない言葉だと思われるからでしょう。

しかしもし宇宙人の存在が証明されるとしたら、その時は必ず宇宙人の道徳に関しても興味を持っていただけると思います。私の場合は宇宙人の存在有りという考えで、実際のＵＦＯは見た事が無いのですが、宇宙人とは出会った事がありその存在も証明できるので、宇宙人の道徳も理解できるわけです。

ちなみに外国ではＵＦＯを見た人や、宇宙人に出会ったと言う人も多く、ＵＦＯの映像や宇宙人の写真なども公開されていますが、改ざんされた映像や写真ではないかと言う人も多いので今一つ信頼度が低いようです。しかしアメリカ航空宇宙局ＮＡＳＡの宇宙飛行士の証言は、かなり真実味を帯びており月面着陸をした一人の飛行士はＵＦＯには何度も遭遇して宇宙人の存在も確かだと断言しています。しかも彼らは決して攻撃的ではなく、むしろ我々人間同士が争いをおこさないよう見守っているのだと言うのです。それはあたかも我々人類が宇宙人によって造られたというような発言であり、もしそれが本当であるとするならば、驚きの事実となる事は間違いないでしょう。

でもその飛行士が最後に言った「もし私が宇宙人の存在を証明するような発言をしてしまうと、我々人類が猿人から進化してきたというダーウィンの進化論を否定してしまう事になるので、よほどの確証が無い限り、私たち宇宙飛行士はこのような事実を公言する事はできないのです」という言葉が印象に残っています。

しかし最近では月面着陸も事実ではなくどこかの砂漠で撮られた映像だという説も浮上するなど、アポロ11号の月面着陸や宇宙飛行士の話にも真実性が薄らいだと言われています。でも考えてみれば無限とも言われる広大な宇宙には約２兆個の銀河系と言われる星の集団があり、我々の存在する地球など宇宙の粉じんと言ってもおかしくないのです。そして地球が存在する天の川銀河系には２千億個と言われる恒星がある中で、地球上にしか生物が存在しないといった考え方のほうこそナンセンスであり、ＮＡＳＡの宇宙飛行士が言っていた話しもまんざらうそではないのかもしれません。

ところで銀河系の事があまり理解できていない人のために少し説明してみますと、銀河系とは太陽が属する約２千億個の恒星・星雲からなる島宇宙で凸レンズの型をし、直径約10万光年、中核部の厚さ約1・5万光年と言われ、その銀河系の中に我々の住む地球が存在しているわけです。

しかし、銀河系の直径が10万光年と言ってもあまりピンとこないと思うので、皆様よくご存じの北極星を例にあげて説明してみましょう。地球から北極星の距離は約431光年と言われそれはつまり現在夜空に輝いている北極星の光は431年前の光を見ているわけで、日本で言えば戦国時代に北極星から出発した光が現在到達しているという事になるのです。431光年といえば銀河系の直径10万光年から考えると大変身近に感じますがそれは気の遠くなるような距離であり銀河系がいかに巨大であるかという事がわかっていただけると思います。

例えば1光年とは光が真空中を1年間に進む距離の事なのですが、それを計算してみますと天文学的数字になるわけです。光の速さは1秒間に地球を約7回り半、距離に換算すると約30万㎞なので1日に進む距離が約2

５９億㎞となり、１年間には約９兆４６１０億㎞になるわけです。だから４３１光年となると約４０７８兆㎞となり、身近に感じていた北極星が実は想像を絶する距離にある事がわかっていただけたと思います。このような事を考えると我々の地球が存在する直径10万光年中核部の厚さ１・５万光年という銀河系がいかに無限に近い大きさであるかがわかっていただけたでしょう。しかも銀河系の中の存在する２千億個とも言われる恒星がある中で太陽系の惑星の１つである地球などは宇宙の粉塵であると言っても決しておかしくない事がわかっていただけたと思います。

だから我々地球が宇宙に存在する銀河系という星の集団の中にある事や太陽を中心とした正確な円軌道をしている惑星である事に感謝をしなければなりません。でもこのような好条件に恵まれた地球上に我々人類や生物が生かされているにもかかわらず私たち人間は地球に感謝するどころか、水や空気また自然界の生物を食する事で生かされている事など、あたりまえだと考えている人が多いのです。

もし今太陽が消滅すればその瞬間地球上の生物は死滅してしまうのに、そんな事はありえないと思っているからかもしれません。でも最近異常気象による干ばつや逆に大雨による水害などの被害が各地で起き、その悲しい出来事により自然界の恐ろしさや自然を大切にしなければならない事に気づく人が増えているのは間違いありません。そしてその結果、自然界の出来事に関しては脅威として感じている人々も増えてきたのですが、ただそれらが自然界の現象が宇宙の現象の一部である事に気づく人が少ないのは少し悲しい事ではないでしょうか。

私は今なぜ宇宙に関して指摘しているのかというと、私たち人類は大昔自分たちの住んでいる所は球体では無く、まっすぐで平らな土地であると信じていました。だから太陽が東の空から出て来ると明るくなり反対側の空に沈むと暗くなる現象は太陽や月が動くからだという天動説を信じていたのです。

しかし月日がたち天文学者のコペルニクスやアリスタルコスが地動説を主張した事によって、地球が球体であり太陽は宇宙に静止した恒星で、地球が太陽の周りを回る惑星である事がわかってきたわけです。だから地球が平らだと信じていたとき太陽がいつも東の空から昇って来るのが理解できず東の空から昇り西の空へ沈むのなら今度は西の空から太陽が昇り東の空へ沈むのが当然だと思われたからです。でも天文学者の地道説が正しいと認められた事で地球や太陽や、また夜空に輝く星などもほとんどが球体である事が一般の人々にもうっすらと分かってきたのです。

でも当初は地球が球体である事を信じたくない人も多くおり、特に船乗りの人々は海の先は滝になっていると信じていたり、地球の裏側はどこかに落ちてしまうのではないかといった不安があったからだと思います。でもニュートンの万有引力の発見により地球上のどの場所にいても引力によって同じ条件で裏側も表側も無い宇宙に存在する星である事が理解でき、またその事によってコロンブスがアメリカ大陸を発見したり、マゼランが世界一周を達成できたのだと思います。でも我々人間は地球が本当に太陽という恒星の惑星であり、宇宙空間に存在する球体の星であるという事がリアルに理解できたのはつい最近だと言っても過言ではないのです。

それはまずハッブル宇宙望遠鏡によって宇宙に存在する星の映像が確認されたり、人工衛星からの映像により本当の宇宙の実体が見えて来たからではないでしょうか。このように宇宙開発事業が始まるとアメリカ合衆国とソビエト連邦共和国の間で国の威信をかけた激しい争いが始まり、最初に有人飛行に成功したのはソビエト連邦共和国でした。その時の宇宙飛行士ガガーリンの言った「地球は青かった」という言葉はあまりにも有名であり宇宙から見た地球の映像を見て、全世界の人々も感動し、この映像により地球が実際に宇宙の中に存在する星の1つである事が全世界の人々に伝わったのだと思います。

その後アメリカもアポロ宇宙船により月面着陸という偉業を成し遂げ、このころから宇宙開発はアメリカの独走になっていったわけです。特にスペースシャトルによる宇宙開発には世界中の各分野のオーソリティが乗り込み宇宙でのいろんな実験に取り組み多大な貢献をしてきました。日本人では若田光一宇宙飛行士など何人もの人が乗り込みましたが、アメリカも大変なお金がかかるので平成23年あたりから、とりあえずスペースシャトルでの宇宙開発にピリオドをうち、ロシアのソユーズ宇宙船に任せたのです。この宇宙開発には莫大な費用がかかりますが、無限な宇宙に対し、我々の太陽系の惑星は有限であり地球も約50億年後には現在の太陽にのみ込まれるとも言われています。

だから人類が生き残るために多額のお金をかけてでも宇宙開発は必要ではあるのですが、まずは現在の地球を破壊する行為だけはやめるべきであり、特にオゾン層の破壊行為となる光化学スモッグや核実験や核戦争などは、絶対にしてはだめだと思います。

しかし我々人類は地球を大切にするどころか、自分の国を強く見せるため核実験を行い、化学兵器や生物兵器などを開発し、戦争兵器として戦争をしている国に売りつけているのです。実際化学兵器であるサリンを戦争兵器として使用したとされる国もあり、多くの犠牲者を出しているにもかかわらず、いまだ戦争を続けているのは大変悲しい事ではないでしょうか。

だから我々人類には道徳が必要であり、これは地球を守るためいや宇宙を守るため我々人類だけに与えられた使命であり、これこそが宇宙の道徳であり地球に住む「宇宙人の道徳」だというわけです。

そうそう私が冒頭で述べたUFOは見た事はありませんが宇宙人の存在は証明もできると言った事の説明をしなければなりません。

もう皆様にもわかっていただけたと思いますが、私が出会った事がある宇宙人とはあなた方の事であり、もちろん私も宇宙人であるという事なのです。

ではなぜ私たちが宇宙人なのかと言いますと、それはまぎれもなく地球が宇宙に存在する星であるから、その宇宙に住んでいる我々地球人はまちがいなく宇宙人でもあるという事が証明できたわけです。

しかし、私たち人間にはエゴイスト的な考えを持つ人が多いのでどうしても地球中心に考え現在でも空の上に宇宙がありＵＦＯを見ればほとんどの人は宇宙人を想像してしまうわけです。あくまでＵＦＯは未確認の飛行物体であり確認されていないだけで流れ星であったり、夕陽に反射された飛行機であったりもする場合が多いのですが、ひょっとすると本当に地球以外の星からやって来たＵＦＯであったり、その中に異星人が乗っている可能性もあるのかも知れません。それは広大な宇宙なので宇宙生物がその中に存在したとしても決して不思議ではなく、人類だって宇宙に探査船として人工衛星を打ち上げているのも事実なのであります。

だから異星人が存在すると仮定した場合、地球から打ち上げた探査船を発見すれば彼らからみればそれはＵＦＯであり、彼らが地球近辺に探査船を送り込んでもなんら不思議ではなく、本当のＵＦＯである可能性もあるという事です。だから最悪の場合、異星からの侵略もあるかも知れませんが、今我々人類が心配しなければいけないのは、宇宙からの紫外線や放射線などの有害物質の侵入を防ぐ事の方が大事だと思います。特に最近頻繁に起こっている太陽表面の爆発により、多量の紫外線や放射線が地球に向かっているらしく、現在のところはオゾン層に守られていますが、そのオゾン層が少しずつ破壊されているのです。だからオゾン層の破壊行為である核実験をやめ光化学スモッグおよびＰＭ２・５の数値を下げ、宇宙からの有害物質に侵されないように全世界中が協力をして人類が住む事ができない地球にしないようにする事が大切であり、それこそが宇宙人としての道徳ではないでしょうか。

それでは、人類の始まりや道徳の誕生また道徳の種類やなぜ今道徳が必要なのか、さらには道徳は善なのか悪なのかといった事を説明したいと思います。

第2章　人類の始まりと道徳の誕生

それではまず人類の始まりについて紐解いてみますと、地球上に生物が存在したのは、約35億年前といわれています。それは単細胞のアメーバのようなもので、深海の奥深くで生きていたそうです。そして約10億年経つと地球上にも太陽光エネルギーによって酸素が蓄えられると生きものが住める環境になったようです。

また約4億年前の古生代になると植物や昆虫そして両生類などが海から陸に上がり現在のような生物が存在できる地球になっていったそうです。そして、中世代白亜紀になると皆さんご存知の、は虫類から進化したといわれるティラノサウルスや、ジュラ紀には鳥類の祖先といわれる始祖鳥等も出現してくるのです。これらは恐竜と呼ばれ、巨大なものでは体長30ｍにも達し、自然界の法則に従った弱肉強食の世の中でした。我々はこの時代を恐竜時代と呼び、もちろん道徳などは存在することもなかったのです。

いろいろな説がありますが、地球に巨大な隕石が衝突したことにより、ほとんどの恐竜は滅亡してしまい恐竜時代に終止符をうったと言われています。しかしそれから年月が経過すると、新生代を迎え地球上も太陽の光によって穏やかさを取り戻し始め、またいろいろな生物が誕生していったのです。そして、その中に我々人類の祖先である猿人も出現し、二本の足で直立して歩く事ができる直立猿人へと進化したのですが、この直立できた事こそが、他の動物よりはるかに大脳を発達する事ができた理由であり、人類に自己思考力をもたらした最大の原因ではないかと私は思っています。

つまり、それまで地面に接していることが多かった前足が、直立して二本の後ろ足で立てたことで両手としての機能を発揮し、いろいろな物を作りだしていったからです。例えば、裸で生活していたのが衣服を作り着る事を覚えたり、洞窟に住んでいたのが家を建てたり、また獲物を捕らえるための道具を作ったりしているうちに、自己思考力がつき大脳が発達していったのでしょう。また一番画期的であったことは、手先を使って絵を描くことで相手との意思の疎通を図り、こういったことが象形文字の誕生につながり、また言葉も誕生したのです。そして人と人との会話ができるようになると、集団生活も成立しダーウィンの進化論による猿人から原人そして現在の人間へと進化していき、このようなプロセスが人類の始まりへとなったようです。

　では、道徳の誕生について紐解いてみますと、これは間違いなく人類が出現したからで、その理由は、現在に至っても道徳を必要とする動物は、人類以外に存在していないからです。だから、人類の始まりと道徳の誕生はリンクしており、もし人類が出現していなければ、おそらく現在の地球は家やビルなど土地の開発もなく、また自動車や飛行機なども存在しない一万年前位までの地球とほとんど変わりない状態だと思います。だから地球上のあらゆる生物は人類が存在するまでは、自己思考力を持つものは全く存在せず、自然界の法則による与えられた本能の中での思考力によって生かされていたのです。

また、欲望に関しても同じ事で、自我欲などを持つ動物は存在せず、ただ子孫繁栄のためだけに必要な性欲や食欲があるので、自然界のバランスが保たれていたわけです。しかし、人類が出現し進化していくにつれ、本能による思考力以外に、自分の力で考える自己思考力に目覚めると必要ではない欲望である自我欲も生まれ、自分の欲望を満たす為に領土や食物の争いが始まり収拾がつかなくなったわけです。

だから話し合いなどによって最低限のルールを作り、争い事がおきないように解決しようとした倫理的な行動が道徳の誕生へとつながったのではないでしょうか。

第3章　道徳とは何か

道徳とは何かと問われてみると、意外と答えにくいもので、一瞬ためらった後に色々な答えとして返ってきます。その内容のほとんどは、「倫理の道徳」であり、いわゆる人間社会での正しい行為や、人の道に外れない正しい心を持つ事ではないかと、答えた方が圧倒的に多かったわけです。

確かに道徳という言葉から連想すると、人間社会の中では正しいものであると思われがちですが、そうでない場合もあるのです。このことは大変重要なことなのでのちほど、道徳の善悪の所で詳しく説明するとしまして、ここでは少し話の方向がずれるかもしれませんが、我々一般人はどれくらい道徳について関心を持っているのか、私なりに調べたデータがあるので、少し紹介したいと思います。

これは私がタクシー運転手として働いていた時に、乗車されたお客様との会話を参考にしたデータです。

我々乗務員は乗車されたお客様とは、遠距離・近距離にかかわらずできるだけ会話をさせていただく事を心掛けています。タクシーの中は密室の小部屋なので、意外に本音の会話となり話の内容としては様々なのですが、その日の天気に始まり、リアルタイムに起こっている事件や、政治・経済についてなど色々な話になるわけです。

例えば、天候の話題になると必ずといってよいほど、地球温暖化の話になりますが、最近世界各地に頻繁に起こっている熱波や寒波、またそれに関連して起こる超大型台風や竜巻なども異常気象によるものと思われ、大雨や風害によって多くの人々が家や財産を失い大変困っている方が増えているようです。

また自然災害ではありますが、これまた世界各国に起こっているマグニチュード6以上の大地震により、ほとんどの建物が崩壊され、大津波の起こったところでは予想外の死者を出すなど、異常気象が人的被害をも加速させているのではないかといったところまで、話が発展してしまう場合もあるのです。

でも、会話の結末になると老若男女にかかわらず、大半のお客様は最近世の中が少しおかしくなっているのではないですかね運転手さんと、問い掛けられる場合が多く、また一方リアルタイムで起こっている事件に関する話題になると、端から最近の世の中は少しおかしいですね運転手さんと、いった会話から始まる場合が多いのです。

中でも一番やるせないのは子供たちによる殺人事件であり、犯人たちは犯行後事の重大さに気づき、反省はするようですが、子供たちがいったん犯してしまった犯罪は一生心の傷として残り、大人になってもいつも何かに怯え、最悪になると同じ事件を二度、三度と繰り返してしまうケースも増えています。

また最も腹立たしいのは一見正常に見える大人たちであり、特に犯罪を取り締まらなければならない立場である警察官や検事・弁護士・裁判官、また国を守らなければならない立場である自衛官や学校の先生、また政治家・官僚までもが男女関係のもつれからの殺人や、覚醒剤の使用・汚職事件を起こしていることです。そして最近起こっている中でもっとも情けない事件は、大学の教授が携帯電話を使ってスカートの中を盗撮するセクハラ犯罪などで、普通では考えられない事件が現実に起こっているのです。

いったい何が正しくて誰を信じて良いのかわからないですね運転手さんと問われてみれば、結局私の方も最近の世の中がちょっとおかしくなって来ているみたいですねと答えざるをえないのです。

そこで私は、なぜ最近世の中がおかしくなってきているのか、色々な年代のお客様に聞いてみる事にしました。これは、２０１４年に取材したデータですがまず、70歳以上の方で特に戦争を経験された方に聞いてみますと、戦後日本が敗戦国となったことで修身教育が無くなり道徳観が薄らいで来たからではないかと答えて下さいました。

では修身教育とはどんな教育であったのか、元軍人で将校であった方にお聞きしましたところ、修身とは儒教からの教えであり、男子は行いを正し・家庭を整え・国家を治め・天下を平定する事だと言われ、簡単に言えば男子は常識を持った行動を取り、正しい心で家庭を大事にし、日本人としての誇りを持ちなさいということですよ、と教えてくださいました。

では当時団塊の世代といわれる60代の人になると、修身教育というよりも戦後敗戦となった日本の国から、道徳教育が無くなってしまったからでしょうと答えた方が多く、中には日教組の教育方針が間違っていたのではと答える人もいたのです。

そこで、修身教育と道徳教育の違いを聞いてみると、意外に修身教育について答える人は少なく、修身教育も道徳教育も同じで、戦前と戦後の呼び方の違いでしょうと、答えた方がほとんどでした。

しかし、最近子供たちの事件の多さが目立ち、その内容も悪質になっている所があるので、道徳の見直しをしなければなりませんねと、団塊の世代の方には男女にかかわらず真剣に答えていただいたわけです。

そして、40代~50代になると、今の世の中がおかしいのは、学校教育が悪いからだと言われた方がほとんどで、道徳教育がなくなったからだと言われた人は50代後半で全体の約30%に満たなかったのです。

そして、親の教育が悪いから最近の世の中がおかしくなったのではないかという意見もかなりありました。

また、20代の学生さんや30代後半の若者になると、もちろん道徳教育や学校教育が悪いからと言う人は少なく、今の世の中がおかしいと言われるけれど、何がおかしいのですかと、逆に問われ一瞬言葉が出なかったのを覚えています。

でも2～3人の方ではありますが、道徳教育を見直せばとか、政治が悪いからではないかといった意見もあり、若い人たちでも道徳教育や政治などにも関心を持っている方がおられたことに、私は今の日本も捨てたものではないと、うれしく思いました。

このように、私独自の調査結果ではありますが最近の世の中がおかしくなってきた原因として、年齢層によってある共通点があることが分かりました。そして、その共通点とは、70歳以上の方は修身教育について、また50歳以上の方は道徳教育や親の教育についてそして、40歳前後の方は学校教育についてといったように各教育方針に問題があるところが同じだったのです。もちろん20代後半や30代の若い人たちにはそういった共通点は無かったのですが、30歳以上の方は教育方針に違いはありますが、道徳的教育が無くなってしまったことにより世の中がおかしくなって来たということは共通していたというデータ結果が出たのです。

それでは、道徳とは一体何かと問われると、私も人並みの答えしかできないので、各界の著名な方にお会いして教えてもらうことにしたのです。政治家の先生・お寺の和尚さん・学校の先生・警察署といったところに行き、道徳についてどのような意見をお持ちになっておられるのかお話を伺いに行きました。

まず、政治家の先生のところに行き道徳についてお話をさせてもらうことができました。当時与党であった先生は、「道徳とは世の中の人々の為に尽くし・誠実であり・常識を踏まえた行動を取る人間道ではないですかね」といわれ、道徳教育に関しても「最近子供たちによる色々な事件が起きているので、いま見直す時期にきているのだと思います。そして、学校教育の問題も先生方と取り組み、とにかく子供たちが安全に学校に行けるように考えており、事故や事件の起きないよう警察とも連絡を取っていきたいと思っている」と言われ、さすが政治家はおしゃべりが上手なもので私は、好印象で帰って来たわけです。

次に、あるお寺の和尚さんに会い、お話を伺いました。和尚さんは、道徳とは「まず人間としての徳を積むこと」だと言われそして「心を清らかにし、仏様や色々な人に感謝の気持ちを持ち、世の中に尽くすことです。そして、手を合わせて礼拝する事が心を清め正しい道を極める、これが道徳心ではないか」と言われました。今の世の中は目先の欲に走る人が多く心が荒んでいるので、自然への感謝・人への感謝・動物への感謝などあらゆる事に感謝する事が仏様への感謝となり、そのような気持ちがまた我々に返ってくるのだと言われ、そう言われてみれば、私たちも何不自由ない生活によって物事に対しての感謝をする気持ちを忘れていたのかもしれません。

次に以前に小学校の校長先生をなさっていた方にお会いし、道徳についてのお話をしてもらうことになったのですが、元校長先生は、「今でこそ言えますが、当時私たちは道徳教育についての指導はなかなかできなかったのです。それは、日教組やＰＴＡなど監視的な行動もあり、学校教育が優先されるので、優秀な中学校へ入るように実力をつけてあげることが、我々の仕事であると信じ、行動してきたつもりです。だから、道徳というものは勉学に励むことによって自然と身につくものであり、大人になれば社会の中で常識や社会道徳が自然に身につくのだと指導してきました。しかし、最近の子供たちの非情な事件を聞くと、少し指導の仕方が間違っていたのかもしれませんね」と、本音で答えていただきました。そして「今までは言えなかったのですが、私なりに道徳は何かと言われると、もちろん学力をつけることがまず一番であり、清く正しい心を持って、人への情けや思いやり、感謝の心を持つことではないでしょうかと言われました。

そして、学校というところは日教組や教育委員会、そしてＰＴＡなど色々な圧力により一部の悪い教師を生んだ事の責任は私たちにあるのかもしれません」と元校長先生には少し反省する様子を見せながら今回言いにくいことを本音で話していただいたことに感謝をした次第です。そしてこれからも子供たちの為に頑張って下さいと言うと、外の立場からではありますが、是非協力させていただきますといわれ、心強い言葉をいただいて帰って来ました。

最後に警察署に行き、そこの署長に道徳について話を聞かせてもらおうと思ったのですが、本日署長が不在という事なので係の方でも結構ですと言ったところ、受付では道徳に関しての係がないというのでとりあえず、日時を変えて署長にアポイントメントを取る事にしました。

ところが、最近署長は忙しいので少し無理ではないかと言われたので、その受付のところで少し口論となったのですが、奥の方から人が来られ、道徳としての係はありませんが、交通道徳としての話で良ければと言われたので、係の方とお話することになり私は少し腹を立てていたので言い方もきつくなり、一時は険悪なムードになったのですが、しばらくするとお互いに落ち着き、交通道徳についての話をしていただきました。

私はタクシー運転手をしていたので、前から自転車走行のことが気になっていたことから、なぜ自転車走行の指導をもっと徹底的にしないのか聞いてみました。

例えば、自転車での歩道の走り方・横断歩道の渡り方・傘差し運転と固定した傘での運転の違い、また歩道を走ってベルを鳴らして良いものか、そして後部座席には何人まで子供も乗せられるのか、また携帯電話を持っているだけでもダメなのか、などの疑問で、一般の子供や大人たちはそこのところがもうひとつ分かっていない方が多いのです。

だから子供たちには警察側の方々に積極的に学校に行っていただき指導

するとか、大人の方には新聞やテレビで徹底した指導をするべきだと言いますと係の方は、「その通りで、我々は自転車にも新たな罰則を加え、自転車走行の指導も色々なところでやっています。しかし、何せ人が足りないので仕方がないのです」と言われたので、私もすかさず「人が足りなければ学校の先生に指導していただき、先生の方から親や子供たちに指導してもらえればこの問題は解決するのではないか」と言ったのです。すると「何回も言って申しわけないですが、本当に人が足りないので、我々も努力はいたします」と言われると話も進まず、結局道徳教育に関しての所見は聞く事ができなかったのです。本当は、交通道徳に関してもっと聞きたいことがあったのですが、あの邪魔くさそうな態度で接せられると馬鹿らしくなってきたのです。

最近、飲酒運転に関する法律が変わりかなり罰則や罰金が厳しくなったにもかかわらず重大な事故が増えており、飲酒検問にひっかかった場合の罰金は多額になったのですが、罰則の方がゆるいので飲酒運転は一向に減っていかないのです。

私の持論で言わせてもらえば罰則がゆるくて罰金が多いのは逆で本当に飲酒運転を減らそうという気持ちがあるのならば検問でアルコール検知の段階であっても三ヵ月の実刑にすれば飲酒運転は必ず激減するはずです。なぜならば執行猶予なしの実刑となると例え三ヵ月でも困る事には間違いなくへたをすれば一生を棒に振る事になるかも知れないからです。

だからほんとうは飲酒運転に関する話もしたかったのですが、あの時はこのような話をしても管轄外だからわかりませんと言って受け付けてくれなかったと思います。

とにかく、私は警察には悪印象を持ち、こんなことだから警察官の事件も減らないのだと、心の中で叫びながら帰って来ましたが、私は色々な人に出会い色々なことを教わったことで、私なりに道徳に関して分析した結論を出すことができたわけです。

私の考える道徳は大きく分けると二つの道徳に分けられ、ひとつは、倫理道徳であり、もうひとつは社会道徳であります。

そして、倫理道徳とは哲学的イデオロギーの道徳であり、このことはのちほど第４章の道徳の種類のところで詳しく述べますが、簡単にいえば政治における道徳とか、宗教分野での道徳などが主なところで、またもうひとつの社会道徳の方は範囲が広く、まず人間として守らなければならないルール、いわゆる各国の憲法であり、日本でいえばその他の法律・民法・各都市の条例そして一般での常識、学校での校則、社会人になれば会社の社則そして、各カテゴリーにおけるルール・マナー・作法などが社会道徳となるわけです。

したがって道徳とは、人間社会の中で集団生活をしていくには必要不可欠なものであり、人類が滅亡しないためにも秩序とマナーを守る事で無駄な争いを起こさないようにと我々人間によって作られた我々だけに通用する心のルールなのです。私たちは道徳の意義をもう一度見直しもう少し自我欲を抑え自然界とうまく付き合っていく事が必要なのではないでしょうか。

第４章　道徳の種類とその機能

道徳はどのように分類され、またどういった種類があるのか考えてみたいと思います。

前章で述べたように道徳には大きく分けると哲学的な分野で考えられた「倫理の道徳」と、現実社会の中での分野で考えられた「社会の道徳」の二種類に分類されます。

最初に哲学が主体である倫理の道徳について考えてみますと、まず倫理という言葉の意味は「集団社会の中で人間として秩序ある正しい行いの道」とありますが、倫理の道徳となると倫理観に基づいた思想のことを言い、ファンタジーの中から生まれた宗教思想と集団社会の必要性から生まれた政治思想が合わさったことによって生まれた哲学的な思想ではないでしょうか。

では何故人類が宗教的思想を持ち始めたのかを考えてみますとその最大の原因は、人間が自己思考力を持つことができた代わりに恐怖心も授かりその恐怖心を取り除く為に、お祈りをしたり誰かにすがったりした事によって宗教心へと目覚めていったのだと思います。

ちなみに人類以外の動物も他の敵から子供や自分の身を守るために本能による恐怖心を持つのですが、それは一時的なものなのですぐ解決できるわけです。

しかし、人間の場合は自分で考える力を持ったことで恐怖心も一時的なものではおさまらず、どんどん増していき、人間は神という存在を作り上げ崇拝することで心の安らぎを求め恐怖心を取り除こうとしたのでしょう。

このような行動により宗教が生まれ、紀元前の古代文明であるインカ・マヤ・アステカなどの文明はほとんどが太陽を神として崇め夜は星座によって運命を占うなどいわゆる宇宙を神としていたわけです。だから太陽が出ているときは空は明るく獲物を捕ることができたり、他の動物から身を守ることができたのですが、太陽が沈むと暗闇になり他の動物から襲われたり、寒い時期には凍死してしまうなど大変な恐怖感に襲われていたので、太陽の存在は偉大でありかつ神聖なものとされ太陽を神として崇めていたようです。エジプトなども最初は星が神聖なものとされていたのですが、クフ王の時代から太陽が神にかわっていったようです。

でも後世になると釈迦やキリスト、アラーなど人間の方々が神とされ世界各地にいろいろな宗教が誕生し倫理の道徳の根本である宗教的思想の哲学が生まれたわけです。

また、人類が何故政治的思想を持ち始めたかを考えてみますと、もともと我々人類が集団によって成り立っている動物であるのでその中の強者が指導者となり、イニシアチブを取ることで一つの村が誕生し、その中の指導者が村の長となり村民が分業することなどによって政治としての縦社会が構築され、政治的思想も生まれたのです。このように倫理の道徳とは宗教的思想と政治的思想の融合によって生まれた道徳哲学ではないでしょうか。

ではもう一つの社会の道徳について考えてみますと、社会の道徳は倫理の道徳と違って思想というよりも現実社会を正しく構成していくために考えられた国家規則が主たるものであり、その他に学校で学ぶ基礎知識や一般社会の中で必要なルールや常識などが含まれているのです。また我々が安らぎを求めようとする芸術やスポーツの中にもルールやマナー・作法などがあり、それらを守ることによって趣味や娯楽からでも正しい人間として成長できる可能性もあるわけです。

では各カテゴリーについてもう少し詳しく説明しますと、やはり一番大切なのは国家規則を守ることであり、我々日本人の場合では国家の統治体制の基礎を定めるために作られた日本国憲法がそれにあたります。そして日本はその中でも三権分立といわれる原則を定め、立法権・司法権・行政権の三つの機能に分立させ、立法で法律を作り、司法によって刑事や民事で裁き行政によって処理する構造を作ったのです。だから人間としての道に外れた殺人や強盗などをすれば犯罪者として裁かれ刑務所に入ることになるので気をつけなければなりません。

また基礎知識を身につけないと物事の善悪を判断することができず集団社会の中から放り出される場合があるので、その集団の中の指導者によって子供たちに教育をしたのが学校の始まりであり現在では小学校から中学校までが義務教育とされ大人になるまでの間に学力と道徳観を教えているわけです。そして義務教育を卒業しても高等学校・専門学校・大学といったコースがあり、高等学校までは基礎知識の延長となりますが、専門学校や大学となると専門知識を学ぶことができ、社会に出た時に役立つとされているのです。

しかし現実はそうでもなく専門学校や大学を卒業したといっても社会の中に入った時に学校で学んだ知識はほとんど役に立たず、新入社員はまた一からその会社の方針にしたがって教育される場合が多く、社会に出ればその社会のルールを守らなければ常識が無いとか道徳心に欠けるといわれる可能性があるので、気をつけなければなりません。

また、息抜きのためにする人も多いスポーツや芸術にもルール・マナー・作法といったものがありそれを守らなければ常識が無いとか道徳心に欠けると言われる場合もあるのです。特にスポーツ界ではスポーツをやっている本人がルールやマナーを守る事は当たり前ですが、応援するサポーター側のマナーも必要とされます。

例えば、サッカー・バレーボール・野球などのように熱狂的な応援ができるスポーツは良いのですが、英国で始まったテニスやゴルフなどは個人競技の中でも精神統一をしてインプレーに入るのでその時には、観客の人々も一かけらの声も出してはならないのです。もし私語を出そうものなら周りの人から白い目で見られ常識が無いとかひどい場合は追い出される場合もありますが、陸上競技のように手拍子を観客の人々にとってもらい自分の集中力を高めるスポーツもあり、同じ個人競技のスポーツでもこれだけ差があるので、サポーター側としてのルールを覚えなければ大変なことになる場合もあるのです。

また芸術の世界でもルール・マナー・作法がありカテゴリーによっては大変厳しいものもあり、芸人や役者の場合は上下関係の中でのルールや作法を学ぶ修行時代がありそれを越えなければ一人前として世に出られない場合が多く、また絵画や陶芸の世界でも同じで修行中は大変厳しいものがあるそうです。また日本人独特の茶道や華道にいたっては、独自の作法やマナーがあり、それを学ばなければ当然の如く常識や道徳心が無いと言われこの道から退かなければならない場合もあるのです。しかしいくら社会の道徳が大切だからといってその道にたずさわらなければ別に学ぶ必要もないのですが、芸術やスポーツからは大変な感動を受けることもあるので、また雑学の知識としても知っておけば何かの時に必ず役に立つと思います。

このように、社会の道徳は、カテゴリの範囲が広く、そのジャンルにかかわる人たちだけがルールを守れば良いのですが、倫理の道徳は一つ間違えば、犯罪者になる場合があるので絶対気をつけなければいけない事をわかって欲しかったわけです。

第5章　宗教とは

「宗教」とはカテゴリーから考えると、哲学の部類に属します。人間は生きていくための集団をまず作り、その中の強者が指導者となり人々によって役割分担を決め、病人が出た時は薬草を取って医者の役割をし、また、心の病は、まじない師がお祈りをする事で癒やしたわけでこういった行為が宗教の始まりだと思います。そして、このような行為は各部族によって全く異なる場合もあり太陽・月・大木・湖などこれらを神と崇める対象も様々で、また病気の治療方法もその部族によって違いますが、こういう事が宗教的哲学であると私は思います。

そして第4章で述べたように初めは太陽の存在が大きく、日中は暖かくて、明るいので安全で安心だという事で、人びとは太陽を神と崇め太陽神を信じていました。まさにエジプトが、そうだったと思います。また、星で占いをしていたようだと聞いています。

しかし、時が経つにつれて人間を神とする国ができました。それは古代イラン人（ペルシア）のゾロアスターを開祖としたゾロアスター教で世界最古の宗教として誕生しました。また紀元前17世紀には族長アブラハムと、その息子イサク、そして孫のヤコブによってユダヤ教の歴史が始まり誕生し、イエス・キリストも教徒の一人でした。しかし、ユダヤ教徒であったイエス・キリストはユダヤ教体制を批判した事によって、ローマ帝国の反逆者として公開処刑されてしまったのです。だから、イエス・キリストはユダヤ教徒として死亡したと言われますが、イエス・キリストの棺の中は空っぽだったので復活したのだという説もあるのです。

結局イエス・キリストが処刑された後にペトロや12使徒によって死の3

日後にはイエス・キリストが復活したからとキリスト教が誕生したのではないかといわれています。したがってユダヤ教、そしてキリスト教、また後にできたイスラム教も聖地は同じエルサレムであり、中世西欧カトリック諸国が聖地エルサレムをイスラム教諸国から奪還することを目的に派遣した遠征軍が十字軍なのです。

現在でもまだ解決していないユダヤ教・イスラム教・キリスト教の三宗教の争いが行われているのがユダヤ教信者の多いイスラエル。そして、イスラム教の信者が多いハマス、またキリスト教の信者もいるパレスチナ難民の保護など難しい問題が山積みしているのですが、ただ一つ恐ろしいのがイスラエルは核保有国だという事なのです。

話はここで変わりますが、世界の三大宗教を知っておいてほしいと思います。まずキリスト教で信者は約23億人、そしてイスラム教の信者は約18億人、次に仏教で信者は５億人とこのキリスト教・イスラム教・仏教の三つが世界の三大宗教なのです。でもここで少しおかしいと思われるのが、世界三位の仏教が5億人に対しヒンドゥー教は信者11億人なのに、なぜ三大宗教に入らないのか。不思議に思って調べたところ、ヒンドゥー教は民族宗教であるからという理由でした。

そういえば現在では、仏教の発祥国インドでは仏教信者は少なくほとんどの人はヒンドゥー教信者だそうです。しかし、東南アジアに行くとタイやカンボジアでは約95％の方々が仏教信者で、ミャンマーでは89％、スリランカでは70％、ラオスで60％、シンガポールでも43％の仏教信者がおられるので安心した次第です。また、日本国ではやはり神道信者が８７９０万人（４８・５％）そして仏教信者が８３９０万人（４６・３％）キリスト教が１９０万人（１％）その他の宗教団体の信者が７３０万人（４％）と、このように日本では神道と仏教とで全体の90％以上を占めているのが現状です。

でも、現在の日本国は多宗教の国なので結婚式は神社や教会、最近では仏前結婚式も増えています。また、お葬式は仏式、そして教会式も結構有り、昔の商売人の家では玄関には神棚、奥の間には仏壇といったように朝家を出るときは神棚に手を合わせ、帰ってきたら仏壇に手を合わせるなど、外国の方から見れば不思議な国だと思われるでしょう。しかし、どの国にも宗教があり、形は違いますが宗教とは人間の心に潜んでいる邪念や恐怖を取り除き、安心や幸福をもたらしてくれる、神様や仏様という人間を超えた聖なる存在の哲学なので、金儲けのために宗教を利用したり宗教哲学による戦争をするのは絶対にやめて下さい。戦争に行かされて命を奪われるのは大半が国民の若者たちで、その家族は、一生悲しみ続けなければならないからです。

さらに話は変わりますが、最後にもう一つ知ってもらいたいのはお墓のことです。昔、お父さんやお母さんに連れられて、お墓参りには一度や二度は行ったことがある人が大半だと思いますが、そうなんです。最低でもお盆と彼岸には、できるだけお墓参りをして掃除ぐらいは必ずして下さい。

なぜなら極端な例を一つお話しますと、ある人は両親共他界されてから一、二年はお墓参りをされていたのですが、「もう5年以上管理費も払わず、掃除にも来ず、連絡も取れないので寺側としてはこのまま放っておく事はできないので、お墓を処分し、骨は無縁墓の方に安置してあるのでそちらで拝んで下さい」と言われたのです。

でも、ここからが大変でお墓の石の処分と、その土地の整地費用として約30万円を請求されたそうです。いわゆる墓じまいは大変お金がかかり、墓地はお寺の土地で墓石を建てる権利を買っていただけなので墓地を売却する事はできませんし、もちろん土地の権利の譲渡もできません。また、墓石は使い道がないので粉砕する費用や土地を元通りに整地しなければならないことなど考えると１００万円から２００万円かかる場合もあるので注意して下さい。でも宗教とお墓は切っても切れない縁だと思って、無理のない範囲でお寺との付き合いをする事が大事ではないでしょうか。

第6章　何故、今道徳が必要なのか

何故、今道徳が必要なのか考えてみますと、何といっても最近世の中が乱れてきたからではないでしょうか。目上の人に対する言葉使いや、尊敬の心が無くなってきたことに始まり、思いやりや責任感も薄れ自分さえよければ良いといった考え方が先に立ち、相手の気持ちなど考えない人が増えたからなのです。

日本も高度成長をしてきた中で、オイルショック時は何とか持ちこたえたのですが、昭和後期から平成始めにかけて起きたバブルが崩壊したあたりから、世の中が乱れ始めたのでしょう。そしてバブルがはじけた要因のひとつが我々の信用していた日本銀行が、バブルを起こしたにもかかわらず、その後急速な金融の引き締めを行ったことで中小企業の倒産があり、それにより、また大手企業のリストラによる失業者が増え、現在でも先が見えない不況に陥っていったのです。

確かに、リストラも企業にとって必要なのかもしれませんが、日本の場合は一度就職すればほとんどの企業が終身雇用の形態をとっていたので、リストラされることに関して戸惑いがあったのかも知れません。もちろん再就職をした人はまだ良いのですが、個人で仕事を立ち上げた人たちはほとんどが失敗し、失業者が増えるいっぽうで企業側は自分の会社を存続させることだけを考え、セーフティネットの仕組みを正しく理解していなかったので、その機能が発揮できなかったのだと思います。

その背景には、日本が戦争に敗れ何も無い所からアメリカの後押しで急速に高度成長へと進んで行くものの、日本人には独特の気質である義理・人情の世界があったので企業側は人情を持ち、働く側は義理を守ってきたことがあります。だから会社が働く人たちとその家族を守る努力をする代わりに、働く人々は会社のために一生身をささげ（悪い言葉で言えば飼い殺しであるが）、その結果飼い生かしをした企業が成長し、大企業となっていったわけです。

でも利益追求が激しくなり出すと、各企業でも生き残りをかけた争いが始まり会社側も大学出の優秀な人材を確保する事で業績をどんどん伸ばしていきました。しかし経済成長に伴って石油の消費量が爆発的に伸びた結果、昭和四十八年に勃発した第四次中東戦争の際には第一次オイルショックが起こります。ガソリンだけではなく、いろんな商品の価格が上昇し、物資不足になるとのうわさや情報によって、買いだめや買い占めも発生したのです。

当時の私は京都西陣の呉服問屋に勤めていたのですが、それはすごいもので名古屋のある問屋にいた時、その店の仕入方に大手商社から電話があり、オーストラリアで多数の羊が病死したためウールが品薄になるのででできるだけ反物を確保してくれと言われ、私はさっそく京都の本社へ帰ると、店の中は大変なことになっており、ウールの反物どころか、正絹の反物や帯そして韓国絞りなども取り合いになっていたのです。

そして、このでたらめな情報はあっという間に広がり、石油が無くなると言ううわさがでるとガソリンだけでなく石油関連商品も値上がり、そしてガソリンスタンドは土・日・祝は休業になり、テレビの深夜放送はストップ、コンビニは午後12時でも終わるなど、全ての商品は品薄になり高値となったのです。特にトイレットペーパーの奪い合いはすさまじいもので、今から考えればバカげた話だと思われますが、当時はほとんどの人は物が無くなっては大変だと言って買占めに入っていたのを覚えています。

確かに、アラブ産油国の利権争いによって輸出が一時ストップされた事は本当ですが、一部の人々がデマをプラスして広めた事も事実だと言われています。でも人々を混乱させた情報がでたらめであった事がわかり始めると、徐々に買占めも収まり市場も一時的に正常に戻ったのですが、逆に商品がだぶつきだすと値も急激に下がり在庫を多く持った会社や個人商店などが次々と倒産していったのです。もちろん大企業の人員削減によって多くの失業者も増え、不景気のどん底へと進んでいったのですが、当時の日本の状況はそんなに国民がぜいたくを覚えていなかったので立ち直りも早く、この不況をバネに再就職に希望をつなぐ人や個人でニュービジネスを立ち上げた人などによって、世の中も序々に正常な状態へと戻っていきました。

しかしその約20年後に起こったバブル期には日本の国民のほとんどの人がおどらされ、バブルがはじけると堅実と言われた優良企業でさえ倒産に陥ったのです。その最大の要因は融資バブルと言われたぐらい銀行が多額の融資を簡単にしたからで、特に不動産に関しては利益率が大きいため、多額の融資をどの銀行も競い合って行ったのです。

そのころ私は不動産業でアルバイトをしていたので、その実態の記憶をたどってみますと住宅ローンなどは当時どの銀行も優良債権として扱っており、90％の確率でオーケーが出ていました。もし住宅融資の条件が満たされなければ、住宅販売会社がいろいろな策を取り、銀行で審査が通らないローンであっても少し金利は高くなりますが信販会社によって住宅ローンにオーケーがもらえたのです。しかし私の勤めていた不動産会社は、土地の売買がほとんどでゴルフ場用地・病院・老人ホームといった大きな物件や金額の大きい市内のビル用地や高級住宅用地が主なので、融資金額も多く一物件に数億から数十億の金額を銀行は簡単に貸付優良債権としていたわけです。また大企業はおろか中小企業にも担保があれば限度額いっぱいの貸付を行い、余分なお金を借りた会社側は金が余っていると勘違いし日本の国は好景気にうかれてしまったのです。

いわゆるこの時期がバブルの頂点であり、数年後にやってくるバブル崩壊などほとんどの人は予測できず、その理由は日本の土地は、値上がりはしても値下がりはしないだろうといった土地神話があったからです。

ちなみに私の知り合いで当時若干20歳の不動産ブローカーは、ゴルフ場買収用地のため、30億円の融資をある銀行に申し出ていましたが、１ヵ月もかからず融資のＯＫがおりたのです。もちろん大手ゼネコンの買い付け証明はあったのですが、海のものとも山のものともわからない不動産ブローカーに、30億円の融資が簡単におりたのには私もびっくりしました。そして、その若者は分配手数料として２０００万円を手にし、ベンツを買っていたのを覚えています。

そう言う私も当時は夜な夜な祇園の町や大阪の北新地にくり出し、無駄なお金を使っていたのですが、あの座るだけで３万円も取られる大阪の北新地のお店でさえ、いつ行っても満席で30分位は待たされるのが普通であり、高級ブティックや百貨店の高級品なども飛ぶように売れる好景気でした。誰もこの好景気がいつまでも続くとは思っていなかったのですが、銀行関係者や経済アナリスト、経営コンサルタントでさえ数年後におこる大不況を予想する事ができなかったのです。そしてこの好景気に歯止めをかけるかのように大蔵省（現在の財務省）から日銀に金融引き締めの通達がくると、都銀や地銀も一斉に金融引き締めを行い、特に不動産関係の融資にストップがかかるとみるみるうちに、土地の値が下がり始め日本の土地神話が崩れると共にバブルの崩壊へとつながっていったのです。

　すると、不動産業やゴルフ場を手掛けていた優良企業も倒産し始め、それに伴う他業種も共倒れとなっていき、銀行が唯一優良債券としていた住宅ローンでさえ、貸し渋りやローン回収という方向に向かったので優良債券も不良債券へと転換されていきました。

　そして、住宅ローンによってサラリーマンがやっと手に入れたマイホームも、支払いが滞りだすと銀行はローン回収に動き出し、結局マイホームを手離さざるをえなくなり、それまで支払った返済金もほとんどが金利として消え、住宅が売却できても土地の下落によって残金すら完済できず、借金だけが残ったわけです。

こうしてバブル崩壊は、大企業や中小企業だけでなく一般のサラリーマンの人たちをも巻き込んだ不況になっていきました。もちろん株価の下落も日々続き証券業界の大手も倒産し出すと、個人投資家なども破産においやられまた銀行が断った融資をした民間の信販会社も過剰融資によって膨らんだ不良債券が原因で倒産へと追い込まれていったのです。また、地方銀行の中でも不良債券を多くもった内容の悪い銀行は、大手の優良銀行に統合されるなど結局銀行の過剰融資で始まり、急激な金融引き締めにより自分の首を絞める形でバブル経済ははじけたという事です。

その後大蔵省（現在の財務省）が取った策は、公定歩合の引き下げであり日銀から各銀行に通達が入ると金利の引き下げが始まり、ゼロ金利の時代へと突入していきました。でも金利は下がっても中小企業に対しての融資は限定されてほとんどの会社が貸し渋りにあい、自転車操業のあげく倒産が相次ぎ景気回復どころか、不景気のどん底へと進んでいったのです。

そして、このバブルがはじけ出したころから日本の国も乱れ始め、義理・人情など関係なく金儲けをした人が勝者とされ、失敗した人たちは負け組のレッテルがはられ、リストラにあったサラリーマンも一度失敗すれば二度と這い上がることができず、よほどの金銭援助者がいるか必ずもうかるノウハウがない限り誰も助けてくれなかったのです。

中でも40代、50代のリストラ組は子供にお金がかかる時期と重なり、生活のため共働きする家庭が増え、その場を乗り越えられた人は良いのですが、ストレスによるパチンコや競馬などのギャンブルで逆に借金ができたり、浮気に走ったりした事で離婚する家庭が増え、このころから家庭崩壊が始まっていったわけです。

あの時企業側がリストラした人たちに多少給料は下がっても、子会社などで別の仕事を見つけてあげる努力をするとか、企業側ができなくても国が銀行と協力をして関連ビジネスやニュービジネスの後押しをするとか、職業訓練センターを設けベンチャー企業として成功するように指導をするなど、セーフティネットを確立しておけば、家庭崩壊や世の中の乱れももっと少なくなっていたかもしれません。

このようにバブル崩壊によって銀行・企業そして国家の仕組みも変化する事で、ある意味正常な社会へと戻っていったのですが、国民は大変な時間と心の犠牲を払ったわけです。また、暴力団も資金集めには頭を使いだし大学出いわゆるインテリやくざを下部組織に雇うなど巧妙で新手の事件が出てきたのだと思います。また最近では特殊詐欺といって外国から指示役が日本の若者を高額バイトを装って雇い新手口で荒稼ぎをする事件が増えていて黒幕は暴力団だと言われています。これ以上日本の治安が悪くならないためにも今道徳を見直す必要があるのではないでしょうか。

第7章　道徳感の薄らぎによっておこる実体

さて、これまでに人類の始まりから道徳の誕生、そして道徳とは何か、また道徳にはどのように分類され、なぜ今道徳が必要なのかと言った基本的な事を説明してきました。この基本が意外と理解されていないので理解してもらえるように、いろいろなカテゴリーにおいて説明してきたわけです。

そして我々人間が今一番忘れかけているのが生まれてきた子供たちが独り立ちできるまでには親が常識ある人間としての教育をする義務があるという事ではないでしょうか。よく親の教育が悪いと言われる方がおられますが、では親の教育とは何歳ぐらいまで必要なのですかと問うてみると少し考えた後、大人になるまでは親の責任でしょうと答えた方がほとんどでした。確かに大人になるまで子供を教育するのは親の責任かもしれませんがそれはある意味無理な所があるのだと私は思います。なぜなら子供には反抗期があり現在では中学生ぐらいになると自我意識が強くなり、個人差はありますが、親でも特に父親の言う事を聞かなくなる時期があるのですが、決して親の事が嫌になったわけではなく、とにかくうっとうしい存在なのです。

小学生の時はお父さんやお母さんの事が大好きであった子供たちが急に喋らなくなると、そのギャップに親はついていけず逆に無理に教育しようとするのでここで溝ができてしまうわけです。

だから私は子供に対して親がしなくてはいけない教育・特に物の善悪に関しては小学校までに教えてあげる事が必要であり義務でもあるのだと思います。なぜならば前述したように小学生まではお父さんやお母さんの事が大好きな時期なので親の言う事も素直に聞けるからです。

中学生ぐらいになると反抗期が始まり親の言う事はあまり聞かなくなりますが、この反抗期は大変重要な時期で大人になっていくためには必ず通らなければならない道であり、我々もよく考えてみると子供の頃急に父親の存在がうっとうしくなり喋るのも嫌になった時期があったはずです。

しかし、そんな時期でも他人の言う事であれば意外と素直に聞けるとか、特に先輩の言う事は多少の無理があっても聞く事ができる場合が多いので学校の先生方は部活など先輩との上下関係をうまく利用して特に中学校ぐらいからは生徒から信頼され相談できる先生になっていただきたいと思います。そして中学から高校にかけて勉強の他に学校ではできない道徳教育をしていただき、「いじめをしない・させない」という事を標語に、いじめ対策ができる先生になって欲しいと思います。と言っても最近の中学生や高校生は体格も良く三人から五人もいれば先生だって恐いはずなので、ここで警察に協力してもらい、警官が同席してあげれば先生も心強く対処できるのではないかと思います。警察も事件が起きなければ動かないという型にはまった事は考え直していただき事件が起きる前に対処できる警察へとなっていただく事が必要ではないでしょうか。

そのために法の改正が必要であるならば政治家の先生に協力していただき、そして警察、学校の先生、親が一緒になって子供たちが道を誤らないように導いてあげて欲しいと思います。特に最近起きている若者による無差別殺人事件や子供たちの自殺などは自分中心で考える若者が増えているということなので正しい道へ戻れるように指導してあげる事が必要だと思います。

ここまでは子供たちが悪い大人に育たないよう、道徳教育が必要ではないかという事を話してきましたが、実は私が本当に心配しているのは我々大人の方が最近、道徳観が薄れさらにその事に気が付いていない方々が増えているという事なのです。

たとえば大企業だってもともとは小さな会社からのスタートで、順風満帆な会社などは少なく最初は数少ない従業員の努力や得意先の協力を得て危機を乗り越えて現在の大企業に成長してきたわけです。だから創業者たちはそういった苦労が頭に入っていて会社を愛するがゆえに従業員を愛し、得意先も大事にしてきたのですが、二代目、三代目になるとそんな義理人情よりも利益を追求する事が第一となり、しだいに家族的愛情は薄くなってきたのではないでしょうか。

もちろん企業が大きく成長するには利益追求は不可欠なのですがここで考えていただきたいのは企業が大企業に成長していく時には必ずと言って良いほど、弱小企業が踏み台にされ倒産へと追いやられる場合が多いということで、その結果家族は路頭に迷ってしまう現実があるという事を頭の隅に少しでも入れておいていただきたいのです。

なぜならば、企業家の中には会社を大きくするための戦いは当たり前の事であって、勝てば官軍で負ける方が悪いのは当たり前だと罪悪感などはまったく無い方が増えているからです。でも、今の世の中は厳しいもので一生懸命会社を大きくし株式を上場した事により資産は10倍ぐらいになったとしてもＴＯＢやＭ＆Ａといって企業買収のターゲットとされると、黒字であっても倒産に追いやられる場合があり、Ｍ＆Ａによって買収された経営者はその時にやっと自分も同じようなことをしていた事に気づくのですが時はすでに遅しなのです。

以前アメリカで起こったリーマン・ショックいわゆるサブプライム・ローンが引き金となった不況は急激な速さで全世界を脅かし、我が国日本でも各大企業が続々と人員削減をしたのですが、解雇されるのは非正規雇用の人たちや外国人が多かったのです。安い人件費で使っておきながら人員カットの際も彼らから始まり、特に外国人の方たちは母国に帰るお金も無く住む所も無いというケースが増加したわけです。

だからこのような人々の中には行き場を無くし犯罪集団に入っていった外国人も多いと言われ、その人たちにとってはしかたがない選択であったのかも知れません。結局企業側は、社員の生活を守るためしかたのない決断だと正当化しますが、実際は景気が悪くなった時のためいつでも解雇できるよう非正規社員として雇用していたのが実状だったという事です。しかも書類上外国人雇用者の扱いは、人間ではなく物品扱いになっていた事がわかった時は、いくら利益追求という会社方針だとしても、日本人として大変はずかしいと思ったのは私だけでしょうか。

このように最近の子供たちは道徳心に欠けているとよく言われますが、その子供たちの親である大人たちの方こそ道徳観が必要なのにその事に気がついていないのが実体であるのが残念でしかたありません。

第8章　自殺はしてはいけない

私が自殺を考えた事がありますかと質問しますと、半分以上の方は、ありますと答えられます。それも、もっともなことで人間は一人になれば弱い動物なので、楽しい時はなんて素晴らしい人生だと思いますが、悲しい時はなぜ私だけがこんなに辛い思いをしなければならないのかと落ち込んでしまう人が多いのだと思います。

でも人間の脳は嫌な出来事は時間が経てば忘れようとする働きを持っているのでしばらく経てばほとんどの人は正常に近い精神状態へ戻るのですが、ネガティブな考えの強い人はなかなか忘れる事ができず、落ち込んで悩んだ挙げ句最悪の場合自殺行為へと走ってしまう人が増えているのです。

その結果自殺未遂で終わればまだ良いのですが、死んでしまえばそれで人生は終わってしまい、これから素晴らしい未来が始まるかもわからないのに、全部放棄してしまうのは、あまりにも、勿体ないのではないでしょうか。

私たちの住んでいる地球には、陸上に住む動物や川や海に住む生物、昆虫類などがいますが、自殺するのは人間だけであり、なぜ人間だけが自殺という行為をしてしまうのかというと、それは人類が他の動物より頭脳の発達が著しく優れた事で自己思考力が身についたからだと思います。このように人間は自己思考力を持ったことで喜怒哀楽を強く感じる事になり、前述したように楽しい時や嬉しい時は良いのですが、苦しい事や辛い事が長く続くと我慢ができない人は自殺行為に走ってしまう場合があるのです。

でも人間以外の動物は、自己思考力は少なく自然界の法則により与えられた本能によって行動するだけなので苦しみや楽しさはほとんど無く自殺を考える事など必要がないわけです。例えば蟻の場合女王蟻には産卵しなければならない仕事があり、他の蟻は巣を作りエサを運ぶなど、生まれた時から本能によって定められているので大きなエサであっても数匹で遠い所からでも運ぶのですが、それが彼らの仕事なので決して文句も言わず働いているわけです。

このようにほとんどの生物は子孫繁栄のため、いわゆる子孫を絶えさせないため毎日同じ行動を繰り返しているのですが、それは人間のように脳が発達していないのでその行為に辛さや悲しさなどほとんど感じない仕組みになっていて自殺などする必要もなく子孫を絶えさせないため与えられた本能のまま生かされているからです。

しかし人類は大脳が発達した事で自己思考力がつくと本能という自然界の法則から逸脱し、その事により悲しい事や辛い事、また楽しい事などの機能が敏感になり人それぞれで性格も考え方も違う進化した人間へと変わっていったわけです。だからポジティブな考え方の人は悲しい事や辛い事があっても数日で解決してしまうことが多いのですが、ネガティブな考えを持った人は、なかなか解決できず先ほど言ったように自殺に走ってしまう場合があるのだと思います。でもここで考えていただきたいのは自殺したところで誰も喜ぶ人は無く、逆に周りの人々には大変な悲しみや辛さを与えてしまうということです。結局、自殺した本人だけがその苦しみから逃れただけであり、そこでその人の人生は終わってしまいますが、生きていれば素晴らしい人生が待っているかもわからないのですよと言いたいわけです。

私は自殺未遂をした何人かの方に話を聞いた事がありますが、自殺を考えた時は、色々なことが重なり気持ちが追い込まれ平静さを失っており、また相談する人も少なく、自分一人で悩み自殺を実行してしまったそうです。しかし、あいにくと言って良いのかわかりませんが未遂で終わったことが幸いであり、その数人の人たちは、現在は結婚され生きていて良かった、もしあの時死んでいたら今の幸せはないのですからと言っておられたのです。

　このように、自殺をして得する人は誰もいず、生き残った人たちは、時間はかかりますが必ず生きていて良かったと思う時が来ますから、心を落ち着けてポジティブに考えることをおすすめします。

　また、人間は自殺をする事は絶対に許されず、命ある限り生きなければならないもう一つの大事な理由があります。私たちは大変な確率で選ばれて生まれてきた人間であり、今生きていられるのはお父さんやお母さんの存在があって、お母さんの一つの卵子とお父さんの精子の融合によって誕生したからです。特に精子の数は数億ともいわれ、卵子と結合できるのは基本的に一匹の精子だけなので、東大や京大の受験の合格率どころではありません。もちろん一卵性、二卵性といった双子や五つ子といったように、まれに強者が一人ではない場合もありますが、双子の場合でも顔は似ていても、考え方や行動も違う兄弟なのです。だから生まれてこられなかった兄弟のためにも、生きていく義務があり、絶対に自殺してはいけないという事がわかっていただけたかと思います。

ちなみにいじめと自殺はリンクしているとよく言われますが、その通りで子供たちがいじめによって自殺に走ってしまう人が増えているのは残念な事実だと思います。また逆に人を殺してしまう人も増えているようですが、どちらも殺人者であり、自分を殺しても他人を殺しても同じ罪があるのではないでしょうか。一見他人を殺す殺人は悪で、自殺は人に迷惑をかけていないので悪ではないように思われますが、とんでもなく両方とも悪なのです。他人に自分の子供が殺されれば、親や家族、身内や友達そして他人までもが、怒りや悲しみを覚えるのですが、自分の子供が自殺をした場合でも親やその家族、身内や友達そして他人までもが怒りや悲しみを覚えるのでどちらも同じ悪の行為となってしまうのではないでしょうか。そして、その結果殺人者は懲役や死刑といった実刑を受けなければならないのに対し、自殺の場合は、本人は死ぬ事で楽になったかも知れませんが、家族は一生悲しみを引きずらなければならないのです。

以前、テレビの番組でスピリチュアル作家の江原啓之氏が、死後の世界や生まれ変わりがあり、一度自殺をすると今度生まれ変わっても必ず自殺を考える事になるので、その事を克服しなければだめだと言っていました。私は死後の世界とか生まれ変わりといった事に関してはあまりわかりませんが、この世の中不思議な事はいっぱいあるので、その通りかも知れません。だから、いじめによって自殺を考えてしまった時はそのいじめに立ち向かうか、そのいじめられる人から遠ざかるかをまず考え、死ぬ気があるのなら一度立ち向かってみると意外と解決できる場合があるのではないかと私は思います。

私も昔中学の時、いじめというものにあった事があるのですが、それは私の後方の席から小さい消しゴムが飛んでくるので、後ろを振り向くと同級生がニヤニヤ笑っているので、しばらく放っておくと日に日にひどくなり、今度は二人の席から投げてきたというものでした。でも私はどちらかというと強い人間なのでいつか脅かしてやろうと思い、一週間後に二人を呼び出し放課後屋上に来い俺は一人で行くからと言うと、案の定おとなしいと思っていた私に言われた事にびっくりしてしまい、私は屋上で待っていたけれど二人とも来なかったのです。私も相手が二人で来ると思ったので負けてもよいと思い賭けてみたのですが、次の日から二人の態度も一転し私に敬語を使うようになったのを覚えています。

私の場合は成功したのですが、うまく行くとは限らないので失敗したらその場から離れる事を考え、親や知人に相談して学校を変えてもらい新天地を探しやり直してみる事が良いと思います。しかし違う学校へ行ってもいじめられる場合は自分にいじめられる要素があるかもしれないという事に気付かないとだめで、例えば服装がだらしなかったり、風呂に入らず臭いがするなど、一度考えてみる事が必要だと思います。

そして自殺する事が復讐だと思ってはだめで、いじめの加害者側は一時的な非難で終わり二ヵ月も経てば忘れられてしまいますが一生悲しむのは被害者側の親や身内、また友達である事を頭に入れておいて下さい。そして、あえて厳しい言い方をすれば自殺は一番卑法な手段であり、自殺する勇気があるならば原因のある相手に向かっていって欲しいと思います。

よくプロボクシングのチャンピオンは昔いじめられて、それを克服するため努力して困難に打ち勝った人も多く、強い人間になればいじめをする人間も寄ってきません。このように、どんな形でもいじめをする人間を寄せつけないようにすれば必ず道が開け、その後には生きていて良かったと思う日が必ず来るので、我慢をする事を覚えて下さい。もし自分でどうしても解決できない場合は我々のような人間に相談してくれれば必ず助けますのでご相談下さい。

第9章　核の平和利用は無理なのか

さて、我々人類がこの地球でできるだけ長く存在していくためには、もっと地球の事をよく知り勉強する事が必要で、宇宙にもっと目を向け限界のある地球を救うために全世界の人々が協力し平和な世の中を作りあげる事が大切なわけです。なぜなら我々人類や他の動物や植物といったあらゆる生物は宇宙に存在する地球があるからこそ生存できるわけで、その為にも地球を破壊するような行動はやめるべきで、特に核実験や最終のシナリオである核戦争は絶対にしてはならないと思います。

しかし我々人間はこういった事をわかっているにもかかわらず自分たちの欲望を満たすため、現在でも世界各地で侵略戦争を行なっているのが現状なのです。もし今核戦争が起こったとすれば地球上の大半は放射能に汚染されSF映画の一場面のように人間はおろか地球上に存在する生物も生存できない廃墟と化した地球になる可能性も大きいからです。

特に我が国日本は、第二次世界大戦で原子爆弾を広島と長崎に投下された世界唯一の被爆国であり現在でも被爆に苦しんでいる人々がまだ生きておられるのです。だから核戦争がいかに無残で卑劣な行為であり被爆してしまうと死ぬまで苦しみと戦っていかなければならない現実を全世界の人々に知ってもらう事が必要ではないでしょうか。

特に核保有国やこれから抑止力だと言って核を保有しようとしている国は一度我が国の広島や長崎に来ていただいて当時の写真や今でも後遺症で苦しんでおられる人々と会っていただき、核を保有する事が自国にも他国にも大変な被害をもたらす現実を知る事が必要だと思います。なぜなら現在の核爆弾は、当時広島や長崎に投下された時の何百倍の威力があると言われ、もし核戦争が起きれば一つの国ごと無くなる場合もありうるからです。そのような事態が生じた時には、周辺の保有国も連鎖反応により核を使用する可能性があればそれはもう国と国の争いでなく第三次世界大戦の火種となり、やがて最悪のシナリオである地球上の大半が放射能に汚染されて地球滅亡へと進んで行くのは間違いないからです。だからそのような事にならない為にも、私たち人間はもう一度道徳を見直し我欲を抑え大人としての正しい行動をとるよう、各国の首脳陣は真剣に考える事が必要になってきたのではないでしょうか。

もちろん核保有国の首脳陣も核戦争だけは絶対避けるべきである事は、皆、分かっているとは思います。ただ間違った情報によって核兵器のボタンが誤作動によって押されないよう気をつけないと取り返しがつかない事になるので核保有国の首脳陣は心して責任ある行動を取る必要があるのだと思います。

また戦争兵器をつくり、他国へ売ることによって国益を得ている国は結局戦争を起こす原因を作っているので兵器の開発は抑える努力をするべきでしょう。

このように、私たち人類は戦争をする事で悪い国を倒し、ある意味平和な国づくりをしてきたのも間違いないのですが、その反面戦争に勝つための手段を選ばなかったので開発してはいけない兵器を開発してしまったわけです。これが核兵器・化学兵器・生物兵器などでありこれらの兵器の特徴は大量殺人が可能であり、もしどこかの都市で使用したとするとその都市は廃墟と化してしまう大変恐ろしい兵器なのです。

しかし日本ではその二つがすでに使用されており核兵器は前述した第二次世界大戦で広島・長崎に投下された原爆であり、もう一つの化学兵器が残念ながら当時の我が国の宗教法人オウム心理教が地下鉄内で使用した化学兵器サリンでありこの出来事が、この世を震撼させた事件となったわけです。本当はこのような大量殺人兵器はこの世の中から抹殺した方がよいのですが、もうすでに核兵器は世界の大国が抑止力として保有しており核廃絶には大変難しい問題があるからいろいろな形で平和利用する事を考えた方が良いのではないかと思います。

そういった意味でまず核の平和利用されているのが原子力発電所、いわゆる原発なのですが、もちろん色々なリスクがあり世界各国で原発事故が起きているのもご存知だと思います。特にチェリノブイリの原子力発電所事故は世界中の人に知れ渡るほどの大事故で現在でも立ち入り禁止の場所もあり多くの人々が犠牲になったわけです。

でも今の世の中、大企業や中小企業、また一般家庭が使っている電力使用量は40年前から比べると大変増えており、当時の家庭の電気代は月平均3千円前後だったそうですが、最近特に夏場や冬場の電気代は月2万円を超える家庭も少なくないそうです。これは一般家庭にある電化製品を見ていただいても分かるように最低でも10種類ぐらいはもっているはずで平均クーラーは3台、テレビや暖房器具は各室1台、それに冷蔵庫や電子レンジ、洗濯機やパソコンといったようにかなりの電化製品を使用しています。

このように一般家庭の電力使用量も増えましたが、それ以上に大企業や中小企業の作る精密部品が大量生産になり、工場の整備やオートメーション化された機械が導入されたことによりかなり電力使用量が増えたわけです。特に中小企業は精密な部品を作るためには、常に安定した電力を必要とするので、こういった事を考えると風力発電や水力発電、そして太陽光発電では天候に左右されるのでそれが難しく、そうなると現在の電力量をまかなう為には原発に頼らざるをえないのが現状ではないでしょうか。だからこそ、原発に代わる安全で安定した電力の供給ができる代替エネルギーをできるだけ早く開発し、少し時間がかかっても原発をゼロにしていくのが正しい判断だと思います。そして現在稼働している原発の事故が絶対起こらないよう、電力会社は安全面にもっとお金をかけ、もし事故が起こっても迅速な行動が取れるよう、政府も対策をしなければ天災が人災になってしまうので気をつけなければなりません。

皆様ご存知のとおり、平成23年3月11日にマグニチュード9を超える大地震が東北から東日本にかけて発生し、そこに追い打ちをかけたのが想定外の大津波でありました。それは10ｍを超える大津波であったため沿岸部は大きな打撃を受け、特に福島原子力発電所は水没により、建屋が停電になり、冷却装置が作動せず、事故を起こしてしまったのです。でも大地震による大津波などは天災なので防ぎようがなかったのですが、ここに人災が加わったため大変な事故へと変貌してしまったわけです。

もしあの時、予備電源を遠隔操作によって再起動する事ができていれば、建屋は爆発しなかったのではないかと言われています。そして冷却装置に一度海水を注入してしまうとその後の使用ができなくなるので、電力会社としては大変な損失になるという事で処置判断も遅れたようです。そしてこの判断ミスが、放射能漏れを起こしたことで、ヘリコプターによる海水注入もかなり上空からしか行えず霧雨状態になったので時間がかかり、他の建屋も水素爆発を起こしてしまったようです。

こういった事は人災であると言えるでしょう。電力会社は独占企業と言ってもよいほど、競争相手のない優良企業にもかかわらず原発に伴う大変危険なリスクを甘く見、安全対策を疎かにした結果、天災が人災へと変貌してしまったのではないでしょうか。また、原発事故を一度経験している外国のオーソリティから支援の申し入れがあったのにもかかわらず電力会社はそれを断り、自社のオーソリティの意見を内閣総理に信用させ、処置を遅らせた事で、第三建屋まで爆発をさせてしまったと聞いております。もちろん電力会社も悪いのですが、最高指揮権を持つ総理としては原発事故を経験している世界各国のオーソリティの意見を聞き処置判断をする事が正しかったのではないかと私は思っています。

このような事を考えると、それまでは核の平和利用として原発には賛成していましたが、福島原発事故の対応の悪さに私も原発反対派に傾いたわけです。ただ、当時のテレビのニュースで、福島原発でお父さんやお母さんが働いている子供たちが、放射能漏れの危険から安全な町へ避難しているところにニュースのリポーターが子供たちにインタビューをしていた時、子供たちにこんなことになって原発には反対ですかと聞きましたが、子供たちはすかさず「私たちは原発には反対しません」と言ったのです。「私たちはお父さんが福島原発で働いてくれることで家族も生活ができ、学校へも行かしてもらっているので私はお父さんの事を尊敬しています。」とはっきり言った女の子の言葉が今も頭に残っています。

私はこの言葉を聞いて、我々は、原発に反対だとか賛成だとか簡単に言うのではなく、その現場で働いている人たちの事も考え発言しなければいけないと思いました。そして、本当に核の平和利用を考えるのであれば、抑止力だとしても核を戦争兵器として持つ事はできるだけやめるべきで、地球を守らなければならない時のために核兵器を温存しておく事が平和利用になるのではないかと私は思います。

我々人類が今こうして普通に生かされ生活していられるのは宇宙の存在があり、太陽系の惑星である地球があるからこそであり、現段階ではこの地球しか住むところが無いからです。しかし人間の力はすばらしいもので、たった二百年あまりでいろいろな物を開発したり、月へ行ったり、宇宙ステーションを作ったりするなど、その頭脳にははかり知れない物がありま す。しかも最近では、火星を地球と同じような環境に変えてしまうシミュレーションもできているようですが、それよりも現在の地球を大切にすることが大事なのです。宇宙からはいつ巨大な隕石やエイリアンの侵入があるかもしれないので、そのような有事の時には、世界各国が協力をして地球を守ることになる可能性もあるかもわかりません。

だから核兵器を温存する事も核の平和利用の一つではないかと私は思います。

第10章　道徳の善悪は戦争によって変化する

我々人間は道徳という言葉を聞くと、どうしても正しいものだと思いがちですが、その道徳も時と場合によっては悪い道徳へと利用される場合があるので気をつけなければなりません。道徳は基本的には人類が争わず平和に暮らせるよう我々によって作られたルールや、人道上の正しい行いの規準であるのですが、その道徳も指導者が悪い心や考え方を持っていれば悪い道徳へと変化してしまうことがあるのです。

その典型的なものが戦争であり、通常人を殺せば大罪になり裁判で実刑を受け刑務所で何十年も暮らさなければならなかったり、極悪非道な犯罪者は死刑になる場合もあります。

しかし、戦争が起きるとどうでしょうか、それは驚くことに人を殺しても罪にはならず、逆に敵国の人間を殺せば殺すほど英雄として崇められるので、罪の意識などもなくなってしまうのです。もちろん我々だって戦争が勃発すれば、自国の為や家族を守るため戦争に参加し他国の人と殺し合いをするかも分かりませんが、何の罪もない人たちと争うのは大変悲しいことではないでしょうか。

何故なら戦争になった原因を追求してみると、ほとんどが国のトップである指導者たちの欲望による侵略に他ならないからです。そして、常に犠牲になるのは一般国民であり、虫けらのように殺され、死体の山となって放置され、どれが誰の遺体であるのか分からない場合もあるのです。こういった戦争が現在でも平和な世界であるように見える地球上のあちこちで行われているのが現実であり、戦争によって犠牲になった人々の中には、国の英雄として手厚く葬られる人もいますが、子供たちや主人を失った家族や友人は大変な悲しみを一生背負って生きなければなりません。

このようなことを考えてみると、一体何が正しいことであるのか分からなくなってしまうのではないでしょうか。何回も言いますが、人を殺せば大罪のはずが戦争になると人を殺せば殺すほど英雄とされ、そしていつも犠牲になるのは戦場で戦う下層階級の兵士なのです。上層階級の指導者たちは椅子に座って指示を出しているだけなので、戦死者も少ないわけです。しかも戦争によって、多数の犠牲者を出しているにもかかわらず、そして国側の立場が間違っていたとしても自分たちの行為を正当化し、道徳上なんの変化もなかったことにしてしまう場合が多いのでこのような戦争は早くやめなければならないし、絶対に起こしてはならないのです。

しかし、世界では領土や利権争いによって一部の国では戦争やテロ活動などが行われており、ロシアとウクライナ問題ではロシアに対し、アメリカやEUなどが制裁を考えている事で我が国日本もロシアとアメリカとの友好関係に大変難しい局面を迎えているわけです。

また、中国国内でもウイグル地区と内戦状態にあり各地で爆破テロが行われ住民も犠牲になっていますが、今一番問題になって世界を震撼させているのがイスラム国のテロ行為です。特にインターネットにより全世界から兵士を募り、その国でのテロ活動を指示しているのには大変な恐怖を感じるのです。しかもすごく悲しい事ですが、我が国日本からも、イスラム国の戦闘兵士に参加しようとした学生がおり、出国前に逮捕された事で大事にはならなかったのですが、ネットで洗脳されてしまう若者が増えているのは、大変困った事だと思います。

このように、宗教的哲学や多額の金銭援助をうたって心の善悪を混乱させるやり方に乗せられないよう、我々日本の国民も気をつけなければなりません。なぜなら一度イスラム国のような集団に入ってしまうと、彼ら独自のイスラム教の考え方で洗脳され、自爆テロなど指示されれば断っても殺されるのでテロ行為を選択するしかないからです。しかしこのテロ行為というのは、まったく関係のない人までも巻き込み死者を出すなど、絶対に許してはならない戦法なので、こういった悪い指導者のいる集団は我々人間社会から抹殺する必要があると思います。そうでないとイスラム教の信者が、全員あのような考え方を持っているのだと思われてしまい、また実際イスラム国の人間と間違われ、報復の被害にあい、殺された人もいるからです。

元来宗教というものは、人々を助けるために生まれたイデオロギーであるのに、指導者が自我欲の強い悪い人間であれば悪の思想へと変換されてしまう場合があるので、気をつけなければなりません。そしてイスラム国のように、宗教を利用してそれが正しい思想であるかのように、マインドコントロールされると戦争をして人を殺したり、自爆テロを起こしても、正しい判断であると思い込んでしまうのでしょう。

このように宗教心から生まれる道徳も、本当は正しい人間道として作られたはずなのに、自分たち独自のすばらしい国を創るためという大義名分で、戦争も正義だと善に変化させてしまう場合があるので皆さん絶対に惑わされないようにお願いします。

話は変わりますが、地球上に住む生物は生まれたときから子孫を作るため天敵と戦い、同じ仲間同士であっても縄張りを作り戦っているのです。これが自然界から与えられた本能による弱肉強食の戦いであり、弱者はほとんど強者の餌になってしまうので、子孫を残すためにも数多くの子供を生み、逆に強者は少子となる事で弱肉強食による循環が保たれているわけです。だから地球上に住む生物のほとんどが、毎日戦争しているといっても過言ではなく、そこには道徳などあってはいけないのです。そのわけは動物の異常発生が起きたり、逆に絶滅する動物も増え、自然界のバランスが崩れてしまうからだと思います。

でも我々人間は自己思考力を持ち、自然界の法則に反した生き方を選んだことによって、生物界の均衡を保つための道徳が必要になったのだと思います。しかし、我々人間も地球上に住む動物が進化しただけであり、心の中には常に他の動物と同じように戦う本能が潜んでいるのです。ひとつ間違えば闘争心が芽生え、戦争を起こす可能性があるので、正しい道徳心を持ち常に気をつける事が地球上を支配する動物としての使命なのではないでしょうか。

最終章

これまで人間としての道徳観を、いろいろな面でお話ししてきましたが、この本の主旨である、宇宙人の道徳の真意を説明しなければなりません。

まず我々が生存する地球が、無限といわれる宇宙に数えきれないほど存在する銀河系の一つである天の川銀河系に属する恒星の惑星である事を思い出して下さい。そして、広大で無限に近い銀河系もすべて有限であると言われていますが、消滅していく星に対して、新しい星の誕生もあるので、銀河系自体の存在はよほどの事が無い限り消滅には至らないと言われています。

しかし我が地球の寿命は、数十億年あると言われていますが、それは我々の太陽系に異変が無い場合であり宇宙では何が起こるかわからないので数万年の可能性もあるのです。とは言っても私たち人間にとっては、数万年でも無限に近い未来であるので、最低でも子供や孫のためにも住む事のできる地球を残す義務があるのではないでしょうか。そして、無限でもある宇宙に天の川銀河がある事で我々の太陽系も存在し、地球というすばらしい星が存在できているので、できる限りいろいろな生物が住むことができる星として、維持する事が人類の使命だと思います。

そのためには、宇宙に住む人間として、地球を守るため環境破壊や戦争、特に核戦争をしては絶対にだめであり、宇宙人として正しい道徳を持っていただきたいという意味で、この本の冒頭で「宇宙人の道徳」と表現したわけです。そして実際私たち人間は、平和に暮らすため道徳というものを作り、世界の国々が協力をする事で、ある意味安全な国になってきました。

電気の発明により急速に社会が豊かになり、この事によって、コンピュータが開発され100年先の事も予想できるなど、平和な世界を造ろうとしている事は確かです。しかし、造ってはいけない戦争兵器を開発した事も事実であり、それが核兵器なのです。核兵器の保有国の大半は、ロシアとアメリカで90%を占めています。2024年1月現在で総数12121発で内訳は、

〈ロシア5580発　アメリカ5044発　中国500発
フランス290発　イギリス225発　インド172発
パキスタン170発　イスラエル90発　北朝鮮50発〉

となっております。もちろん各国とも抑止力の為だと言っていますが、大変恐ろしい事ではないでしょうか。もし、一国でも使用する事になれば、他国の使用も必至であり、歯止めが効かなくなると、第三次世界大戦にエスカレートする確率が高いのです。

そして、その火蓋を切り始めたのがロシアのウクライナの侵略であり、

当初ロシアは核なんか使わなくても三日もあれば制圧できると豪語していましたが、２年以上経った今でも終結の目処すら立っていません。ウクライナ側がＮＡＴＯやアメリカに救いの手を求め、最新兵器を提供してもらった事で、旧式の兵器を使っていたロシアと互角に戦えているのが長引いている原因だと思います。

しかしその事によって、ウクライナ側の兵士や、ロシア側の兵士を合わせると約15万人以上の若者兵士が犠牲になっているのに、両国とも戦争をやめようとしません。しかも、ウクライナの大統領は現在でもＮＡＴＯやアメリカに武器の応援を要求し、最近ではレッドラインを無視し、ロシア側の重要な橋を攻撃した事で、ロシアの大統領は激怒し、一部の噂では、戦術核を使用するかもといった話も出てきているらしいです。戦術核とは、射程５００㎞以内のコンパクトな爆弾とは言われていますが、広島や長崎に投下された5倍から10倍の威力があるので、放射能汚染などの事を考えると、国内の被害が甚大であるだけでなく、今外国に避難している女性や子供たちの帰る故郷も無くなってしまいます。

このような事が起きないよう、ＮＡＴＯやアメリカも武器供与はやめ、今一部廃墟と化したウクライナの国を一日でも早く復興させる事の方が大事なのではないでしょうか。もちろん、イスラエルとハマスの戦争も同じ事で、イスラエルは核保有国なので大変心配です。この戦争は宗教が絡んだ戦争なので、私にはよくわかりませんが子供たちが犠牲になるのは見ていられません。もし第三次世界大戦、いわゆる核戦争になれば地球の半分は住む事ができず、地球が滅びる第一段階となるので核戦争につながる行為は絶対しないようお願いしたいのです。

そして、私が心配しているもう一つの人類を滅亡させうる要因がＡＩ産業の増加なのです。今やコンピュータやロボットなど広範囲に使用され、無くてはならないものであり、特に近未来精巧なアンドロイドも開発されていくと思いますが、ロボットに喜怒哀楽をもつ心を埋め込む事のないよう願っています。なぜなら、ＡＩはメンテナンスさえすれば寿命は千年ぐらいはもつといわれ、それに対して人間の寿命は増えたとしても１５０歳ぐらいであり、またＡＩは自動進化していくとも言われているので、最終的には我々人間はＡＩに支配される可能性は高いと思われています。それでなくても人類はよくもって1万年ぐらいで滅亡するという学者もいるのです。もし精巧なアンドロイドが誕生したとすれば、たぶんロボット社会になる可能性が高くなるのですが、やはり人間社会を私としては望んでいます。

このように、人間のすばらしい頭脳によって、間違って作ってしまった核兵器やこれから未来に作ろうとしているロボット特にアンドロイド、いわゆる我々が作った兵器やＡＩに人間が滅ぼされる事が無いよう地球人としての道徳、いや宇宙人としての道徳を守る事が私は大切だと思っています。

〈著者紹介〉
岡田 知義（おかだ　ともよし）
1950年8月20日生まれ。
京都市在住。

宇宙人の道徳

2025年4月12日初版第1刷発行
著　者　岡田知義
発行者　百瀬精一
発行所　鳥影社 (www.choeisha.com)
〒160-0023 東京都新宿区西新宿3-5-12トーカン新宿7F
電話 03-5948-6470, FAX 0120-586-771
〒392-0012 長野県諏訪市四賀229-1（本社・編集室）
電話 0266-53-2903, FAX 0266-58-6771
印刷・製本　シナノ印刷

ISBN978-4-86782-148-0 C0095